# دختر همه بادهاست
# که فرو می ریزد
# از بامی به بامی دیگر
# در جوراب های قرمزش

۱۳۹۲

www.ingramcontent.com/pod-product-compliance
Lightning Source LLC
Chambersburg PA
CBHW021344060726
47591CB00006B/2158

# دختر همه بادهاست، که فرو می‌ریزد، از بامی به بامی دیگر، در جوراب‌های قرمزش

نویسنده: شیرین بلورچی

مشخصات چاپ اول
طرح جلد: کورش بیگ پور
صفحه بندی: کی - بی - استودیو

شابک: ۹۷۸۱۷۸۰۸۳۲۵۵۵

# دختر همه بادهاست
# که فرو می‌ریزد
# از بامی به بامی دیگر
# در جوراب‌های قرمزش

شیرین بلورچی

# راز

ابرها تنها زمانی کوتاه دروغ می‌گویند
زمان مستی ماه
ماه، پر رمز و راز
رقصان
کودکی‌اش را به رخ می‌کشد
شاید کودکی‌اش هزار سال می‌پاید

# بازی جوجه خرگوش

به زمین می‌آید
از رحم شهاب‌های سرگردان
تاتی تاتی؛
با چرخش باد در فرفره‌های رنگ پریده.
و شوریدگی با تکه‌های شکسته کاشی‌های لاجورد
بالغ می‌شود
بر پرچین بمب‌های کاغذی
مکث گردباد در کوره‌های داغ
در امتداد ریسمانی از ثانیه‌های تاخیر
تاسنگ شدن به پهنای انگشتانم

# اکنون که تو رفته‌ای

بزرگترین سمفونی جهان تو
اما نواختن ابدیتت بود
که کوک کردی سازت را
برای گذر از آینه‌های سرنوشت
و اعتماد کردی
به کهنه نردبان چوبی خانه مادر بزرگ
اما فرش‌های خانه مادر بزرگ
هنوز هم گل می‌دهند
در تمامی فصل‌ها.
اکنون که تو رفته‌ای
راستی شعرت
که می‌گفتی نه الهام است و نه ابهام
برای من شاید آیه‌های زمینی بود

اکنون که تو رفته‌ای
من هم به کوچکی دنیای این آدم‌ها می‌خندم
که بزرگی‌اش به کوچکی خواب‌هاشان است
و به کوچکی خورشید تو که هر شب ماه صدایش می‌زدی
بی‌خبر از فریب خودت.

اکنون که تو رفته‌ای
و اکنون که تو رفته‌ای
بت‌ها نیز همگی ترک خورده‌اند
نرم نرمک می‌پکند در شیار شقیقه‌هاشان
اکنون که تو رفته‌ای

# دومین روز

شعر من به ستاره‌ای می‌ماند
و می‌نشیند در شب‌های
وقتی بی‌خوابم.
متولد ماه دی،
سرما ده اما نه.
ذوب شد دانه‌های برف
در برخورد بارانی زمین
در گرگ و میش نفس‌های سنگین.
جست خرگوشی بر استخوان‌های شکسته برف،
کنده شدن از اقیانوس نت‌های موازی
تا رسیدن به کیوان
تا یاد آورم دنیا را دوباره
در پس فراموشی جنینی اشک‌هایش
با ضربه‌ای بر پشت
در ساعت پنج و سی دقیقه.

# پوکر آنلاین

و...
به تمامی دریافتم
دویدن لاک پشت را
در یک لحظه غفلت من
و در پرواز پر از پیش داوری‌های تو
که پیش داوری
به سرقت بردن است
نت بعدی را هم حتی نمی‌دانم
صبح یا شب
فرقی هم نمی‌کند
در تنهایی امشبم
شکایتی هم دیگر ندارم از راز صورتم
اگر که می‌سوزاند تشویش کوچک تو را
در تنهایی امشبم
که پیش داوری دری است...

# تب از نوع چهل

دختر همه بادهاست
که فرو می‌ریزد
از بامی به بامی دیگر
در جوراب‌های قرمزش
مرداب اشک‌هایش
گذران بهاری‌ست بر سنگینی پلکانش
هذیان لبش
کُند
تن در آتشش را می‌جوید
دختر همه بادها است
اینک
تنها نگهبان قدیس خود
خودخواه از درد خود
در جایی اشتباه
شاید...

# مترو

من می‌دانم
حیقت را در یک لحظه نامحدود
در باز و بسته شدن صدها در
حیران بودم
فاتح اما هنوز
یا گمشده کوهی
در نگاه شرم‌آگین تو
که دو تن به هم خیره شدند
تمام!
پایان نجواهای شبانه‌ام یا آغاز شبی
از خرگوشان وحشی
برای برآمدن روز
اکنون دل به صدای جیرجیرک‌ها می‌دهم
در هزاران لحظه نامحدود
در ایستگاه آخر...

# موبایل

در این کودک بودن
در تاب خوردنم
در زنگ بی‌هیچ صدایی
در جیبم
در فانوسی
در ظلمات
در پی سوز اتاقم
در تلخی لحظه آشتی با یک قهوه
در فنجان دوم
در کاسه‌ای مالیخولیایی
در یک دم و باز نیامدن
در انتظار ادامه‌ای
در خود

# آنتیگونه

پیله‌ای که تنیده‌ام
چند ساعت پس از بلوغ
تا پروانه شدن
و اینک چماق دستان بر گرده اسب‌های خویش
درپی تاراج بال‌هایم...
به لورکا پناه می‌برم

در گورستانی از آرامش کوچه‌های بی‌انتها
بال‌هایم را به خاک می‌سپارم
قبل از بریده شدن
که می‌دانم در این ستیز بی‌هیچ
مادرم و تنها مادرم
در جستجوی حقیقتی

اندک اندک
می‌نشیند به تماشای رگ بگشوده دخترکَش
که در سرزمین من
همه شب پیله می‌تنند دخترکان باردار
تا تکثیر
شاید
در تقدیر تاریخ بی‌زمان‌شان
پشت نیمکت‌هاشان
یا حتی در تابوت‌های چرخدارشان
بی‌سبب تبعید شدیم
از بخت یاری
تا از سر ببریم
پرواز را
بذر می‌افشانم
اما
برای دخترکان رو به بلوغ...

# نستالژی

کارتون‌های کودکی بود از آن بالا
بالا بود
ستاره دنباله‌دار بود بالاتر
نه یکی،
بالاتر بود
همه آسمان بود بالاتر
زیبا بود بالاتر
همه شب بود بالاتر
سقوط شب بود بالاتر
رادیو بود
نه از بالاتر
تخت بود
نه از بالاتر

ساز بود
نه از بالاتر
فقط ساز بود
کوک بود در تنهایی‌اش
ترسناک بود در تنهایی‌اش
من بودم در تنهایی‌ام
تهوع بود اول از بالاتر
آب بود
نه از بالاتر
بالا بود اما
چه بالاتر
مادرم بود
نه از بالاتر
مادر تو بود کر بود با مادرم خواب
نه از بالاتر
بالاتر سیاه بود
پر از نقطه
سرخط
شناور بود
بالاتر خواب بود
بالا بود
نه دیگر بالاتر!

# به خاطر برادر بودنت!

تکرار من در تو
و تکرار تو در من
ریسمان ابدی‌ست
یاحتی لحظه مسدودی
اما درک من و تو از این لحظه مسدود
بیدار شدن همه زنبورهاست
و به زیبایی مردن ماهی قرمز
سفره هفت سین‌مان
که سبز شد
در گلدان خانه

# یک

وقتی روزها سر می‌خوردند
از لب پنجره اتاق
و چنگ من بر دیوارهای چوبی اتاق
که تنها سازم
و تو سرمست از شعری قربانی
دومَت
سومَت
یا نمی‌دانم چندمَت!
هول می‌زدی به باورش
و من خیره به خورشید
و گم
گم در باورم
می‌تازم این سکوت سنگین را

تا رهایی کامل
تا شروع معکوس
و می‌شمارم
خیره به خورشید
اما هنوز

# این فروردین یکش

حول حالنا که می‌شنوم
بیست و چهار متر
رگهایم پاره می‌شود
یکی یکی
در بیست و چهار متر
گوش تا گوش میدان فرهنگ
در سعادت آباد
شک ندارم
لوله آشپزخانه بود
که برد
همه رویا را
بر آب

صدای چکش داوود
بر ترک‌های دیوار که بالا می‌آورد
تخت فولاد را روی آبی قالی

بی رحمانه برد
طفل درون را
این فروردین یکش
و چرخ و فلک سرگیجه
در بیما رستان لاله که می‌داد
این فروردین یکش
دشمنی دارد با من
این فروردین یکش
کمر بسته‌ام به کلفتیش
کمر بسته به سلیطه‌گی اما
این فروردین یکش
شیپور بوقی می‌زند از سر هوس
برایم
هر سال که می‌چرخد پاتیل
شوخی می‌کند با من
چپ و راست
این فروردین یکش

سهم پدرم را می‌خواهد
این بار

یا
گهواره خالی برادری را
فلج دوران کودکی‌ام است
این فروردین یکش

# دو

طنابی می‌کشم از باران
به بلندی موهای قرمز دوست
که پایین می‌ریزد قطره قطره
می‌چکم
تا خیس خاک
تا حوا شدن دوباره
نه اما با تو
با آب دریاها
در گودی کف دستانم
چه سخت می‌شود این حوا شدن
بدون تو...

## سه

حوالی مهناز
اتاق من نه
پرده‌ای شاعر باز
می‌رفت و می‌آمد
از دو سو
می‌دزدید تنش را از شیار پنجره
همان‌جا که هوا به خانه سفر می‌کند
و پرده به تنفس اکسیژن در هر بازگشت
درست زیر ناف آپارتمان
صدای سگ‌ها که
بیدارم کرد
خیره به پرده روی کاناپه
پایین‌تر تو خوابیدی از سمت چپ

می‌شناسمت همیشه از همان دنده
یادم نیست صورتت را نه حتی چیز دیگری
وقت بسته شدن پنجره
صدای سگ‌ها تو بودی
که هنوز می‌شنیدم

پرده دوم
به آغوش کشیدن دخترکی سه ساله
با موهای طلایی
یکی بود با من دیوانه
جهش ژنی‌اش
بزرگ شد در دستانم
در تنی بدون پاهایش در یکی هم آغوشی
خواب بود
و می‌بردم تنش را به همان تخت خواب مخروبه
محو شد در تن مادربزرگ
که همه تاریخ پارسی از او یک بانک خوب ساخته بود
با مردی چانه می‌زد از اهالی پنجره
که برای مجوز عبور از پرده تغذیه کرده بود
گم می‌شدم در اتاق
لحظه سقوط در فاصله هیچ
و شعر که برایش صدای سگ بود
و من در آرزوی گیاه شدن

# تستسترون

می‌ترسم‌هایم را
تجربه می‌کنم
نیاز به نمی‌ترسم‌هایم
جای پای شرق را
که بی‌اختیار سوراخ می‌شود
روی صورتم
سرخوشی تا برگردم دوباره‌ها را
تکثیر جدایی‌ها را
حقیقت را
تا مجاز
رها شدن با زنجیر را
خرد و کوچک را
تا نامی شدن

که هومن دادها دروغی اختصاری است
در لغت‌نامه دهخدا
بی‌وطنی را
در تکاپوی انسان شدن را
درد را

# برای خواهران کوچک تو

بلوغ را گم می‌کنی
با اشک‌هایت
و من ناگه به دنبال خواهر کوچکم که
کاش می‌فهمیدی را
در سرزمین مادری
ز من بگذر را
بلوغ می‌کنم
که همه‌ی شعر را
گم کردم
همه شب

# آموت

دیوانه‌ای که دیوانه‌تر نمی‌شود
درمان آسان می‌خواهد
در این شیدایی ترسان
که می‌ریزد زنده زنده
روی تخت
می‌دانم که نمی‌دانم روزی
حتی اسمم را که شیرین شیرین
می‌زند دهانت را
و تخت که می‌بیند همه خواب‌هایم
باید خودم را بازی کنم
و بازی را خراب
ستاره دنباله‌دار ژن‌های دو قطبی
اپرای سقوط می‌خواند روزی

در کافه جنون
تو می‌دانی مردنَم را هر روز که
در می‌زند
وعده دیدار دوباره را می‌دانم
فردا بود انگار
حالا سه نفر شدیم من تو و
آن ستاره که خط هاشور می‌زند بین ما
در یکی شدن دو قطب شک دارد
نشانه نفرین می‌رود
به نرمی طرحی سخت

# چهار

گاهی با شعر
گاهی دوستی
گاهی دشمنی
انگشت پایداری‌ام به دهان می‌ماند
و تو برای گرم شدن
مکرر
تعجب‌هایم را به ضعف می‌گیری...

# بیس‌بال

دست را هم که دراز کنم
پشت به پشت
تا پشت
پا نمی‌رود این بار
در پارک گم شد
در میدان آزادی
یا برج ایفل بر حصار مثلث بل‌وود
و ساعتی که کوک می‌کند لندن را مدام
و آخری که بالا بود در من
از شرق می‌گفت
شاید هم از درد و از ترین‌ها
و پا که نمی‌رود انگار
از پارک می‌گفت

از مثلث بل‌وود در میدان آزادی
بر حصار برج ایفل
و ساعتی که کوک می‌کند لندن را مدام
و آخری که استخوان بود
در آمبولانس
که می‌کشید ترک را در طول خیابان
و اما هنوز از شرق می‌گفت
و پا که دیگر نمی‌رود
و تو هنوز پشت به پشت
تا پشت

# تنها زبان مشترک بین من و تو

و او که می‌رود
و تو که می‌آیی
و سیل که حرف می‌برد
و دست که سرد می‌شود
و پروانه که انگشت می‌تند
و دلهره که تکرار می‌شود
و دندان صبر که می‌افتد
و جهان اول که قرون وسطی می‌شود
و شعر که پشت تریبون فاسد می‌کند
و استخوان لای بغض که می‌شکند
و معنی که بی‌معنی می‌کند
و دوستی که شناسنامه هذیان می‌شود
و هر قدم که در زمان رسوب می‌کند

و تو که در تو شک می‌کنی
و من که در تو سفر می‌کنم
و تو که دور می‌شوی
و من نگران
دلهره را به موبایل هول می‌دهم
و صدای تو که می‌شناسم تنها درد
در کادر امشبم

# برخورد زبان در بی‌مکان

هر شب به وقت تهران از همان دنده
برخورنده با مجاز
مالیخولیایی می‌خواهمت
من مالیخولیایی
به من برخورده نگیر!
شب هم نیامدی پشت نوبت‌های نگهبانی‌ات
خشاب را در کاغذ می‌پیچیدی تا خیال خالی جمجمه‌ات
برآیند از سه نقطه با برخورد زبان
برخورد به تو؟
وبلاگ‌نویسی یا شکسته پا که دل بشکنی؟
از نقطه سوم هم در هیاهوی ابتذالم که نیامدی...

# در چهل و هشت ساعت

می‌خواهم از میان آوار این دل
نبض را پیدا کنم
نمی‌زند در این گوشی هیچ نبضی
در پی صدایی که بلرزاندش بی‌قراری می‌کند
لکاته پول خور دنیای مجاز است
در جیبم
کلیشه را تمام می‌خورد هر بار که عاشق می‌شود
به علافی خو می‌گیرد
به کندی یک طبیعت بی‌جان
در بارسلون
در یک صفحه الکترونیکی
که به پرده‌گیر می‌کند
مسموم می‌شود

با ماهی آب‌های شور
و درختان پشت پنجره را از یاد می‌برد
همه تاریخ کلاسیک را پست مدرن می‌خواهد
جنون است نتیجه بین من و تو
زخم کهنه‌ای در گوشه لبم
در خستگی یک روز
که اسباب کشی می‌کند
و آنتی بیوتیک تنها چاره تبم
کشنده همه مینیمال‌ها
صبر کن!
عقب افتاده،
فصل ماهی‌گیری در آب‌های خزر
ماهی آزاد در خطر انقراض است
گوشی می‌لرزد...

# دیگر نمی‌توانم پنهان کنم

من زنم
که باید کمی از دنیا جدا شوم
می‌فهمی؟
چون من زنم
که باید زن باشم
حلقه سر انگشتانم یادگاری از سماع
تا تو بر آن دستاری مُلَوَن ببندی
پریده می‌شود همه این رنگ در رگ
وقتی با تو مساوی می‌شوم
برای تساوی در عدم ضرب می‌کنی انگار
همه زن را!
شاید به تاریخ زن شک می‌کنی
که با همزن دنیای کپیتالیست

بتون زن را هم می‌زنی هر بار
با طعم توت فرنگی
برای دوباره زن شدن
امیدی به این بتون نیست
می‌فهمی که نفهمیدی؟
اما من کر می‌شوم
حسود می‌مانم
وسوسه می‌کنم
بالا می‌روم
خراب می‌کنم
و خراب تکرار می‌کنم
تلویزیون نمی‌بینم
کارمند نمی‌شوم
و قسم به زنی
که در رگ‌های سال خشکاندی
و اجبار من به خاکستر نشینی
رد می‌کنم تا آبی رگ‌هایم
تا برگشتن به خود

# داستان یک پازل

با ابر یکی می‌شوم
در هزار توی همین شهر
که رنج حل معماهای من
هجو می‌کند همه آن تصویر که می‌کنی
با دوربین اول شخص گمانه می‌زنی
مردن نویسنده را
تا گمراهی خواننده
همان‌جا که
پازل‌ها به ابر می‌رسند
در تلألو یک صبح که می‌آید
در عمق یک سال
و پایین می‌ریزد تو در تو
و خودکار
که در هر مردن تکرار می‌شود

# (یونایتد کالرز او بنتون)

پشت همین در می‌خواهم
روحت را
آویزان می‌کند
خودش را
شکل جا لباسی
جاری می‌شود
همه فردا را از جیب‌هایش در می‌آورم
لابه‌لای همه امروز
چند ساعتی تنهایی می‌کند با من
لا یعقل، بعد مست می‌کنیم
در زیر زمین
دانه انار سحرآمیز کاشته‌ایم
بالا می‌رویم تا تهران

وقتی دیوارهای چوبی اتاق
سر می‌کشند هوای ظهر تابستان
عهد بستیم همه من را برای همیشه
انگار دیگر بار

# من و این‌جا قال بذارین

رئال‌تر می‌شود
این شمارش معکوس
تا پایان سفر
و صدای جاز
که می‌زند گوشم را مدام
تا صبح
در بین سه زبان
با گفتن مرسی که لو می‌روی هر بار
در به در، قدم به قدم
حقیقتی
که می‌شود بلوف بزنم
هر بار را
عکس می‌گیرم

زیر پنجره می‌کُشی
همه تنها باورم
اما من بی‌خیال می‌نویسم این‌بار
تمام را
سورئال‌تر از هر بار
تا مونتریال

# وقتی ماه سوراخی رو به روشنی می‌شود

بغض که چتر می‌اندازد بر آسمان تورنتو
هر دم خیس می‌کند  هر دو بوتَم
و موهای چتری که هنوز بوی اتو را می‌دهد
فِر می‌خورد بی‌قرارتر از هر روز
دَم می‌کند در ذوق ذوقِ تنم
نقاشی که تمام نمی‌شود آسمانش
مدام رنگ عوض می‌کند
روزهاست که تمام شده
سبزی زمینش همان‌جا نشسته
بی‌حرکت اما نه که در تلاطمی به سمت بالا
ریسمان زمین را اگر پاره کنم
در آسمان بالا می‌رود تا از سوراخ شب فرار کند
از بادکنکی بی‌غم

ستاره می‌شود آن بالا به یقین همه دشت که کشیده‌ام
غولِ چراغ جادو اما این پایین نشسته کنار من
از لامپی بیرون می‌آید ۲۴ در ۱۸
که ۴۳۲ بار مردد می‌شود

## پنج

موهایش بی‌محابا پخش می‌کند
خیالِ باد را
در دامنی زرد، بازیگوش، آبی می‌شود
پا برهنه
دور از گوشواره‌های کهنه چسبیده به دیواری
در چهار چوبه بی‌قانونِ یک بوم
که صاحب می‌شود
خانه‌اش
گم می‌شود
نمی‌داند خیال باد می‌خواهدش که بماند همان‌جا تا ابد

# من از تو با من نبودن

من از تو با من نبودن ربوده‌ام
کیوان، زحل خاموش شب بود
زندان بانی که تکرار می‌شود
از سرعت که می‌گیرد هم
دیگر دایره نمی‌شود
از بی‌چشم و رویی هر بار به چشم‌های سیاه تو می‌رسم
امروز دوباره صفر می‌دانستی یا یک
چتر که می‌گیرم بالای سرم صفر و یک می‌بارد
کلاغ، کلاغ پس چرا نمی‌بینم؟
پوسیدن زمان سخت دلگیرم می‌کند
آخر مرا چه به عددْ چینی
اینجا باران که می‌بارد زمان می‌پوسد
"کار شما چیه؟"

صدایی که هر روز می‌شنوم حتی در خواب که خط‌کشی می‌کنم
سیگار را که ترک کردم نفهمیدم او که ترکم کرد را
که خدایان پرومِته را یا که پرومِته خدایان را؟
دختر لوسی از کافه‌های تهران تا زیرِ زمینی نمور
و دختران دیگری در بالا
این یادشان نمی‌آمد که از کجا آمده بودم، یادشان رفته بود
نمی‌دانستند هیچ
که می‌بستند مشبک‌های گرم سقف را
و می‌لرزم را دیده می‌کردند
دانه انار سحرآمیز دختر
بالا که آمد از تو با من نبودن بود
اما، اما پوسیدن زمان هنوز سخت دلگیرش می‌کند

# مرگ مؤلفِ فیزیک

از میان تمام خیال‌های آمریکای شمالی
که نه
و شدن که جهان اول می‌سازد
تا دم که می‌گیرد تا اول شدن
که نه
تورنتو شاید
همان‌که من ساختم
که نه
تا اول شدن می‌خرام
تا صبح دم
فرود که نمی‌آید امشب
تا پریدن
که نه؟

# همین لحظه، بکُش

گیر کرده
زیر این پتوی لعنتی
بکِش
لحاف تنگ است
پارسال کشیدم
پاره شد
دَرزگیر ذهن است
نه پاره کردند
ریختند
روی سفید ملافه
همین را می‌خواستی؟
نخ کردم
دستبند کلونازپام

چرکِ ردّی خشک می‌کند
تلخ است
داری؟
بخور بره
وازَن ی....،
درد دارد
آب سرد تنها دوای رد پایش
پاک می‌کند
چه جور
همین لحظه دوباره بکِش
صدا خفه کن
داری؟
بکُش
ردّی، ویروس پست مدرن است
بکِش
نمی‌شود
بکُش
چرک خشک کن
داری؟
تخت می‌خورد گاهی
خوابیدی؟
بکِش
ترسیدی؟
تب ردّی است

ترس ندارد
هذیان است پا دارد
نکِش، تب داری
بکُش، صدا خفه کن داری.
می‌داند
نمی‌خواهد
نمی‌داند
شعر نگو
هندسه می‌دانی؟
ردّی
بکِش
فرار کن
آلوده به دردی تکراری
نمی‌داند
می‌دانم
دوباره درد داری
تقسیم
می‌دانی؟
پس بکِش

# پالی توله شِن ز

نشد
که چی؟
نمی‌شود گاهی
قاعده تصادف همین است
کاتوره‌ای
دوست نداری؟
ویزا؟
ویروسِ تنیده شده دنیای با مرزه
با مزه؟
expire date
که چی؟
شراب؟
Thanks i am fine

بریز

cheers

سیاست؟

پوکر تهوع آوره

bunch of morons

بازی؟

رو بسته

استراتژی؟

ha!!!!...

# برای کِلَریسا دِرایو

امشب ماه در جبل الطارق ظهور نمی‌کند
لعنتَ‌ات می‌کم حق
زان سان که بمیرم
حق آهای حق
جواب می‌دهی ؟
با توأم حق می‌شنوی ؟
تجزیه‌ام کن یا کَهف
هزار بار ، تجزیه‌اَم کن
مُف لِه کن
آهای حق یاغی کن بغض را
که پیوند مولکولی نمی‌خواهد
آهای حق هزاران صنعت و فن ساختی

برای اَجَل
آهای حق در جبل الطارق ماه دیگر ظهور نخواهد کرد هرگز
هرگز هرگز هرگز
هیچ هیچ هیچ
ماه ماه ماه

# ساعت به وقتِ محلی

وقتی ساعت سه ساعت بعد را عقربه می‌زند
عقربه‌ها چه تند می‌پَرند
وقت نشستن است
آرام گرفتن
دلتنگی توأمان
به وسعت یک کویر
وقتی آویزها صدای باد را به خانه می‌آورند

# بازی تکرار می‌شود

ذهن تحلیل‌گر
داده‌ها با گفته‌ها به هم نمی‌رسند
بازی تکرار می‌شود
"صدا "دیوانه برو دکتر
دو در دو پنج می‌شود در حوالی تورنتو
می‌پیچم در مغزم و در انتهای هر چهار لنگر می‌شوم
سرانجام پنج است

دکترها می‌گویند
خاطره‌ات که آبستن جنگ
دیر یا زود

در هر تبعید مُرده‌ام، شهر به شهر
با تدبیر می‌کشی؟
از بدنامی نترس
بازی تکرار می‌شود

داده‌ها با گفته‌ها به‌هم نمی‌رسند دکتر؛

می‌ریزم در شهرم، تحلیل گُریز
کُد زَنی
جدول را دور می‌زنی
دو در دو می‌شود چهار
در حوالی این شهر
و خاطره‌ام که آبستن جنگ

دیر یا زود

در این تردیدِ رنج

# یک فرا واقعی در هنرهای دراماتیک

گفتی طاعون پست مدرن
راستی چه نام دارد دکتر؟
من که ندارم؟
شوخی می کنی؟
اما او شعرم را دزدید
تهران پاییز ۷۸
گفتی ساعت
به وقت کجا؟
باید تا الآن رسیده باشد
گفتی آفتاب بگیر
گربه را هم گرفتم
لوفور هم دیوانه بود
بی‌واسطه که نمی‌شود

واقعیت حاد
پیامد طاعون من نبودم
اشاره‌ها بودند
باور نمی‌کنی
شاعر نبود اصلا
نمی‌دانستم
من هر روز بِرشت می‌خواندم
او هر روز منطق
حالا او هر روز برشت می‌خواند
و من هر روز از جهان مرسومِ واژه
به منطق می‌خرام
فیلسوف‌ها
دست خودم نیست
طاعون پست مدرن
راستی گفتی چه نام دارد
به وقت کجا؟
من که ندارم؟
شوخی می‌کنی...

# بی‌قاب

تا نیمه شب تکرار می‌شوی‌هایت
تکرار می‌شوم
تا سراسیمه که تکرار می‌شدی
می‌رفتن‌هایت که تکرار می‌شدند
از همان دنده تکرار می‌شوی
تا سراسیمه که بیدار می‌شوم‌هایم

**It's the girl of all the winds, she trickles, roof to roof; in her red-stockings**





Cover: Kourosh Beigpour | Layout: k-b-studio



ISBN: 978-1780832555

H&S Media © UK, 2013 | info@handsmedia.com

It's the girl of all the winds,
she trickles,
roof to roof;
in her red-stockings

H&S

2014